PUBLICATION DE L'UNION FINANCIÈRE

4, RUE DE HANOVRE, A PARIS

L'HYPOTHÈQUE MINIÈRE

PARIS

DUBUISSON ET Cie, IMPRIMEUR BREVETÉ

5 — RUE COQ-HÉRON — 5

1879

L'HYPOTHÈQUE MINIÈRE

PUBLICATION DE L'UNION FINANCIÈRE

4, RUE DE HANOVRE, A PARIS

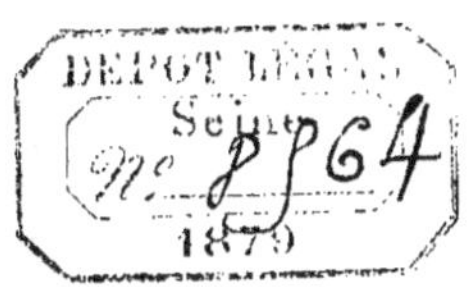

L'HYPOTHÈQUE MINIÈRE

PARIS

DUBUISSON ET Cⁱᵉ, IMPRIMEUR BREVETÉ

5 — RUE COQ-HÉRON — 5

1879

L'HYPOTHÈQUE MINIÈRE

EXPOSÉ

Nul n'ignore que le prêt hypothécaire est de tous les placements le plus sûr, le mieux garanti ; reposant sur un gage immobilier, rien ne peut en altérer la valeur, rien ne peut le compromettre.

Quelle est donc la cause qui empêche l'épargne de se porter de préférence sur ce mode de placement ?

Lorsqu'il s'agit de finance, d'industrie ou de commerce, l'argent rapporte 6 et 7 0/0 ; employé en prêts hypothécaires, il ne rapporte que 3 0/0.

Jusqu'à ce jour, le Crédit foncier, presque seul, a eu le monopole du prêt hypothécaire, monopole qui a eu pour résultat d'atteindre un but diamétralement opposé à celui que poursuivait le gouvernement. Gagner de l'argent, donner de gros dividendes à leurs actionnaires, tel a été le grand désideratum des administrateurs qui ont dirigé successivement le Crédit foncier de France. Nous sommes loin de blâmer ce principe de gestion, mais nous ne pouvons nous empêcher de regretter que la pensée fondamentale de cette grande institution, créée pour venir en aide à l'agriculture et à l'industrie, ait été dénaturée.

De nouvelles institutions de prêts viennent de se fonder, et, sauf l'avantage de créer des valeurs à lots, qui est exclusivement réservé au Crédit foncier, on y rencontre les mêmes errements et les mêmes principes. Du reste, ces institutions ne font aucun mystère du but qu'elles poursuivent; elles le disent et l'impriment dans leurs brochures et circulaires; elles indiquent nettement la source de leurs bénéfices, en démontrant que la provenance en est due à l'écart qui existe entre l'intérêt auquel elles prêtent et l'intérêt auquel elles empruntent. C'est, du reste, un calcul bien simple à faire : Supposons que l'un de ces grands établissements financiers ait prêté cinq cents millions à 6 0/0, il emprunte cinq cents millions à 3 et 4 0/0, soit 3 1/2 en moyenne, ce qui lui constitue une différence annuelle de douze millions cinq cent mille francs, à son profit.

Qui perd ces douze millions cinq cent mille francs?

Le public, qui ne veut pas, qui ne peut pas comprendre que le monopole est l'accaparement, au profit d'un seul, d'une chose appartenant à tous.

Mais, nous dira-t-on, ce sont des institutions si solides que ces grands établissements financiers ! Là encore existe un préjugé, qui ne disparaîtra que lorsque l'éducation financière du pays sera complète. Ce qui fait la solidité de ces grandes institutions, ce qui fait leur force, c'est la crédulité publique; le jour où l'épargne leur imposera ses lois, où elle leur dira : «Nous voulons qu'il en soit ainsi, ou nous vous retirons notre argent», elles se soumettront en prenant la large part que méritent leur gestion, leurs travaux, leur responsabilité, et l'épargne trouvera un intérêt rémunérateur de ses capitaux.

Malheureusement, nous n'en sommes point encore là, et

nous devons borner notre tâche actuelle à l'examen de l'application de l'hypothèque à l'industrie, de façon à assurer un
revenu de 6 à 7 0/0 à l'épargne, tout en lui donnant les sécu-
rités que comporte le gage hypothécaire.

On prête sur terrains, on prête sur maisons, que la
maison soit une demeure privée, ou un établissement public.

Pourquoi ne prêterait-on pas à une usine, à une mine ?
Est-ce que la maison où l'on vend de l'épicerie, où l'on
exploite un restaurant, a plus de valeur et représente un
gage plus solide, que celle où l'on vend du charbon, où
l'on confectionne des agglomérés, en un mot, où l'on fait le
commerce de la houille ? Indiscutablement non, et si l'une
des deux propriétés doit être l'objet d'une faveur marquée,
c'est assurément la propriété charbonnière, car, indépen-
damment des biens que l'on voit à sa surface, elle contient
en sous-sol des richesses incalculables.

Nous n'entendons point parler des houillères à l'état de
mise en œuvre, dont les couches de charbons sont encore
inconnues et nécessitent de nombreux travaux de recherches, c'est-à-dire des dépenses considérables et malheureusement quelquefois trop aléatoires pour être classées.

Il y aurait certes, à ce propos, un intéressant programme
à développer ; le nôtre est plus terre à terre et nous entendons nous renfermer dans ce cercle étroit qui consiste
à n'apporter le secours de l'épargne qu'à des choses exis-
tantes et palpables.

Nous n'entendons donner notre appui qu'à des mines en
exploitation, dont les propriétés immobibilières et les revenus sont un sûr garant de l'argent prêté ; et de même que
le prêt sur immeuble ordinaire entraîne la saisie des loyers,
des revenus et la vente des biens, en cas de non-exécution
des engagements pris par l'emprunteur, de même le prêt
minier, tel que nous l'entendons, entraînera l'appropriation
immédiate des revenus et des produits, ou même la vente
des propriétés, au cas où l'emprunteur ne respecterait pas ses
engagements. En un mot, sauf que l'intérêt payé par l'em-

prunteur profitera au prêteur seulement, nous n'admettons pas qu'une seule des formalités qu'implique l'hypothèque sur immeubles soit négligée dans l'application de *l'hypothèque minière*.

Nous avons examiné la question sur toutes ses faces, nous l'avons fait étudier par les ingénieurs et les experts les plus compétents, et nous en avons déduit cette solution : que l'hypothèque minière était un placement financier de premier ordre, en même temps qu'une aide industrielle toute puissante.

Parmi toutes les concessions houillères de notre territoire, aucune ne se prêtait mieux à l'application de l'hypothèque houillère que celles de Lay, d'une étendue de 1,187 hectares, exploitées depuis plus d'un siècle, ayant toujours donné des revenus rémunérateurs, et pouvant produire jusqu'à 300,000 francs de bénéfice net par an. Elles se désignaient naturellement à notre attention ; nous n'avons donc pas hésité à leur prêter notre concours, assurés qu'avec des éléments semblables, il serait largement répondu à notre appel.

Il nous reste maintenant à examiner les considérations générales qui s'appliquent aux bassins houillers de Lay, ses richesses et son avenir.

Considérations générales sur les Houillères françaises

La consommation croissante de la houille, ralentie momentanément par une crise industrielle que feront cesser les grands travaux en projet, a conduit les hommes d'initiative à chercher de nouveaux gisements, et, en même temps, les moyens de mieux utiliser des combustibles fossiles jusqu'alors relégués au second plan.

Dans le premier ordre d'idées, il y a trente ans environ, la découverte, sous le territoire du Pas-de-Calais, du prolongement du bassin houiller du Nord, qui n'est lui-même que la continuation des bassins de Mons et de Charleroi, a créé une nouvelle source de richesses, et pour le pays, et pour les capitalistes qui se sont intéressés dans les grandes entreprises fondées pour l'exploitation des nouveaux charbonnages.

Quant à l'utilisation industrielle de combustibles fossiles tenus pour inférieurs, on peut dire maintenant que c'est une question résolue, au moins pour ce qui concerne l'anthracite, aussi recherché que la houille, et donnant des sous-produits équivalents. En effet, l'anthracène, résultat de la distillation, sert à la fabrication de l'alizarine artificielle, ou rouge de garance, dont la consommation représente un chiffre de 70 millions de francs par an.

Les travaux entrepris dans diverses régions du département de la Loire ont eu pour base les deux points de vue que nous venons d'exposer. On a pensé qu'entre les bassins de Saint-Etienne et Rive-de-Gier, de Commentry et du Creusot, il devait exister un prolongement ; d'ailleurs, des travaux anciens, pratiqués sur de nombreux affleurements, avaient permis de constater l'existence de plusieurs couches de charbon fossile, et les importants fours à chaux de cette région, depuis plus d'un siècle, n'emploient pas d'autre combustible.

Ce combustible, c'est l'anthracite, dont la formation est antérieure à celle de la houille. Il a les mêmes propriétés, donne un coke *propre à tous les usages industriels*, et peut fournir, en même temps que l'anthracène, par la distillation, la benzine, l'aniline, l'acide phénique, et tant d'autres sousproduits dont la nomenclature serait trop longue, et dont chacun est l'objet d'une industrie spéciale.

Pour le chauffage domestique, il n'exige qu'un tirage un peu actif des cheminées ; pour les usines métallurgiques, les locomotives, les bateaux à vapeur, les foyers actuels suffisent à le brûler avec un dégagement de chaleur assurément supérieure à celle de la houille.

Aperçu Géologique

La houille est le produit de la décomposition ou plutôt de la carbonisation des plantes gigantesques qui végétaient en si grande abondance sous nos climats, à une époque où la terre avait conservé plus de chaleur superficielle qu'à présent.

Sur les rivages de mers d'eau tiède s'élevaient des forêts de palmiers, de fougères arborescentes dont celles de l'Australie ou des bords de l'Amazone ne donnent qu'une faible idée.

Une convulsion de la croûte terrestre a tout bouleversé et jeté sur ces forêts les éléments de nouveaux terrains, en séparant les mers ou séparant des continents.

Il est peu de régions en France où ces révolutions successives aient été aussi nombreuses que dans le Forez.

Cinq soulèvements s'y rencontrent, s'y heurtent, on pourrait dire s'y entremêlent, car, si ceux des monts de la Madeleine, des montagnes du Forez, des monts du Beaujolais, du mont Pilat, sont nettement arrêtés, on peut voir que celui des monts volcaniques du Puy-de-Dôme envoie, même sous les monts du Forez et sous le plateau de Neulize, des coulées de basalte jusque dans la plaine de Roanne.

On comprend combien, dans ces conditions, les gisements de charbon fossile doivent avoir été troublés.

Les dépôts de végétaux, rompus dans cinq endroits par des soulèvements de quartz, de granit, de porphyre, qui ont percé la croûte antérieure pour lancer à des mille mètres et plus des chaînes de montagnes, ont été en outre bouleversés par des soulèvements moins puissants qui ne les ont pas traversés. Ça et là, des interruptions de peu d'étendue sont causées soit par une rupture des couches, provoquée par le gonflement qui s'est produit en dessous, ou par des jets de matière en fusion moins étendus encore, provenant d'éruptions plutoniques ou volcaniques.

Le tout recouvert par diverses couches de terrains tertiaires, quaternaires, et des alluvions mêlées de blocs erratiques transportés pendant la période glaciaire, ou déposés pendant que s'établissait le cours des fleuves, rivières et ruisseaux.

La géologie étant une science toute récente, la connaissance exacte de tous ces faits n'a pu être acquise encore d'une manière bien certaine sur chaque point des contrées même les plus explorées. On sait pourtant que, quand des couches de charbon existent dans une plaine et sont exhaussées par un soulèvement qui les traverse et les brise, il y a des chances sérieuses pour que, sur le versant opposé des montagnes ainsi surgies, les mêmes couches se retrouvent plus ou moins troublées; qu'un dyke, ou jet de matières volcaniques en fusion, n'est qu'un mur de peu d'étendue, derrière lequel on doit retrouver (bien qu'avec un changement de niveau) tous les terrains dans le même ordre, tandis qu'une faille n'est qu'une cassure produite par un soulèvement qui n'a pas abouti et qui a été comblée par des dépôts ultérieurs.

C'est donc en s'appuyant sur une méthode rationnelle que les ingénieurs font leurs recherches et disent, par exemple : Puisqu'il y a du charbon à Saint-Etienne, dans la plaine du Forez, il doit s'en rencontrer sous diverses plaines situées sous le pendage des mêmes couches où tout indique une formation analogue.

Mais, on le comprend, comme à Saint-Etienne, Rive-de-Gier, Montrambert, comme dans les charbonnages belges, ceux de Saarbruk et de Westphalie, comme dans les charbonnages anglais, comme dans le bassin de Graissessac, les travaux exécutés d'après ces indications peuvent toujours se heurter contre une faille ou un dyke. Sur une concession de 500 hectares qui contiendra sept, huit, neuf couches de charbon superposées, occupant une largeur de 200 à 300 mètres, avec une hauteur totale de 15 à 20 mètres, il peut se faire que le puits commencé rencontre après deux ou trois couches — toujours les moins puissantes et les moins riches comme qualité — une faille ou un dyke qui n'ont pas révélé leur présence à la surface. Ce n'est point une raison de se décourager ; le charbon est toujours là, mais il est un peu plus bas ou un peu à côté.

Ce qui est admirable chez les Anglais, et ce qui, d'ailleurs, leur a permis d'arriver à cette puissance de production houillère, c'est que, quand ils sont certains de l'existence du charbon, aucun obstacle ne les arrête. Un capital ne suffit pas, ils en versent un second, un troisième. Ils envoient une livre sterling en rechercher une première, une seconde rechercher les deux autres. « Il suffit peut-être d'un jour de travail encore, disent-ils, pour que nous trouvions une série de couches comme celles de Newcastle et Cardiff, » et ils persévèrent.

En effet, supposez le charbon disposé en sept ou huit couches dans les concessions voisines de celles que vous voulez exploiter, l'ingénieur chargé du sondage rencontre la première couche à la profondeur probable et en conclut naturellement que les autres se succèdent dans le même ordre. Mais, s'il s'est produit, dans la série des siècles inconnus, un affaissement dans les six ou sept autres couches, au lieu d'un puits de 200 mètres, il faudra un puits de 300, 350, 400 mètres pour recouper les couches dont le produit ferait votre fortune comme il a fait celle de vos voisins. Perdrez-vous les 200 mètres forés, maçonnés (et à quel prix!) quand il suffit d'ajouter de nouveaux capitaux pour vaincre un obstacle naturel, creuser le puits à la profondeur nécessaire et en extraire du charbon qui revient à dix francs et qui vous est payé quinze francs? C'est dur à dire, mais les Anglais ni les Allemands n'ont point cette indolence.

Aussi le ministre des travaux publics a-t-il pu écrire, il y a *deux ans*, que 45 0/0 des gîtes carbonifères explorés, reconnus, concédés, n'étaient pas exploités, et que, de ce fait, la France était obligée d'acheter à l'étranger plus de 10 millions de tonnes de houille par an.

Et la houille est, comme on l'a bien dit, le *pain de l'industrie*.

De la Finance dans ses rapports
avec l'Industrie

En finance comme en géologie, il y a des failles et des
dykes. Ceux-ci sont produits par l'obstination de nos syndicats à employer les capitaux disponibles en avances aux
Etats besoigneux, à commanditer le militarisme étranger;
celles-là viennent de l'accoutumance, heureusement un
peu affaiblie, du public à considérer les emprunts d'États
comme le seul placement sûr.

Quelques banqueroutes lui ont durement appris dans
quelle erreur il est tombé; d'autres viendront.

En ce qui concerne plus particulièrement les charbonnages, on peut remarquer combien nos institutions fon-
cières, simples outils des syndicats, ont été indifférentes
au mouvement qui s'est produit en 1872-1873. Ce n'est
pas à dire qu'elles n'aient spéculé sur les entreprises
toutes faites et acheté des titres d'Anzin, de Lens, de
Courrières, de Bruay, de Bully-Grenay, etc.; mais, quant
à participer à des explorations nouvelles, ou à faciliter
les travaux déjà commencés sur des concessions récentes,
elles s'en sont soigneusement abstenues. Or, il est bien
évident que les régies ou administrations d'Anzin, Lens,
Courrières et autres, qui menaient une existence prospère,
mais mystérieuse, produisant tout à coup au grand jour
leurs comptes de bénéfices, fractionnant leurs titres pour
les rendre plus accessibles, sentaient que pour elles était
venu le moment psychologique, et qu'il fallait profiter
de l'engouement universel. La crise d'atonie succède à
la crise de surproduction. Le centième de denier d'Anzin
tombe de 12,000 francs à 6,000 francs.

Que pouvait-on espérer gagner en achetant des titres parvenus à ces cours ? A l'apogée, on ne monte plus ; le soleil même, arrivé au zénith, ne peut que descendre. Tandis que, quand on engage des capitaux dans une entreprise de charbonnages qui débute, c'est comme si on avait pris au pair de l'Anzin en 1774, des Courrières en 1854, des Bruay en 1865. On peut se contenter à moins, et un revenu de 8 à 10 0/0 suffit.

Nous croyons donc qu'en 1872-1873, les capitalistes ont fait fausse route en se jetant sur les titres que mettaient pour la première fois à leur portée les adroits propriétaires des Charbonnages du Nord, et qu'ils manquent d'excellentes occasions quand ils montrent une telle froideur à l'égard d'entreprises nouvelles. Les difficultés qui se présentent au début, dont nous avons signalé les principales causes matérielles, d'autres qui peuvent provenir de l'insuffisance du capital primitif, car si l'on ne craint pas de demander 75 millions pour le guano du Pérou, c'est à peine si l'on ose demander 2 millions pour un charbonnage français ; en outre, quelques erreurs géologiques ou quelques fautes d'appréciation commises par les ingénieurs dans la direction des couches viennent parfois retarder le succès ; mais si le charbon est là, avec de la persévérance, vous l'obtiendrez.

Le puits placé en amont a traversé la grande couche à 150 mètres de profondeur, le puits placé en aval la rencontrera à 200 mètres, c'est-à-dire à la profondeur déterminée par l'inclinaison de cette même couche.

Maintenant que nous croyons avoir donné toutes les indications nécessaires à l'appréciation générale des charbonnages français, nous allons nous occuper spécialement de ceux de Saint-Symphorien-de-Lay, qui sont appelés à prendre place au premier rang de l'industrie houillère.

Mines de Saint-Symphorien-de-Lay

Extraits des Rapports de M. GRUNER, ingénieur-directeur de l'Ecole des Mines.

« Le Bassin de Lay comprend les abords de la petite vallée de l'Ecoron. On y reconnaît distinctement sept couches de 1 mètre 50 à 10 mètres de puissance, inclinant au sud-sud-est et dont les effleurements peuvent être poursuivis, depuis le bourg de Saint-Symphorien jusqu'à Saint-Claude (Rhône), sur une longueur d'environ 6 kilomètres, dans la direction du sud-sud-ouest au nord-nord-ouest au nord-nord-est.

» Trois concessions y sont déjà instituées et dans deux d'entre elles on exploite d'une manière permanente. »

Extrait de la description des Bassins houillers français publié par le JOURNAL DES MINES

LES BASSINS HOUILLERS FRANÇAIS
(BASSIN DE LA LOIRE)

Bassin de Lay

« Dans ce qui précède, nous avons décrit d'une manière générale le bassin carbonifère de Lay ; nous allons compléter cette description par l'étude générale des points les plus remarquables de cette enclave et faire ressortir son importance au point de vue de la production houillère du centre de la France.

» Nous n'avons jamais dissimulé, dans nos différentes études sur les bassins houillers, l'avenir qui est réservé à certains bassins aujourd'hui à peine explorés.

Qualité du combustible a extraire.— Dans le bassin de Lay, dont les affleurements ont été à peine entamés, on connaît cependant sept couches d'un charbon de bonne qualité, seulement maigre ou anthraciteux. Remarquons, en outre, que ces couches ont des puissances de 1 m. 50 à 10 mètres ; en sorte que l'épaisseur totale des couches reconnues représenterait plus de 27 mètres de combustible exploitable, soit, pour une exploitation à 200 mètres de profondeur, suivant l'inclinaison, et en ne prenant que trois kilomètres en direction, pour la partie reconnue productive, plus de 20 millions de tonnes à extraire sous le territoire concédé.

» Revenons aux détails descriptifs du bassin de Lay et aux faits que son exploitation a fait connaître ; car, tout ayant un caractère particulier dans cette région, tout est important à signaler.

» A Viremoulin, un grand puits destiné à l'exploitation de la grande couche actuellement en fonçage moellonné, d'un diamètre de trois mètres, a atteint la profondeur de 50 mètres. Il est engagé dans le toit de la grande couche qu'il ne peut tarder d'atteindre. Des galeries à travers bancs au toit et au mur recouperont d'une part les couches 4, 3, 2 de l'autre, la couche n° 6.

» Remarquons aussi qu'à Viremoulin l'affleurement de la *grande couche* est exploité par des travaux peu profonds, our une longueur de près de 500 mètres, et que depuis quinze ans cette exploitation superficielle fournit à l'industrie et à la consommation domestique un combustible de bonne qualité renfermant 12 à 15 0/0 de cendres en moyenne et 10 à 11 0/0 de matières volatiles.

» Le puits de Viremoulin, en attaquant l'aval-pendage de la grande couche, étendra l'exploitation dans une région plus régulière qu'aux affleurements et produira nécessairement un charbon plus pur et une production plus considérable. D'ailleurs l'augmentation de la production trouvera un débouché dans le pays même : la vente de la gailleterie est assurée par la consommation domestique; les menus agglomérés avec 7 à 8 0/0 de brai donnent des produits qui se comportent au feu comme tous les agglomérés de houille. Nous avons nous-mêmes soumis à l'essai des échantillons de briquettes perforées, fabriquées avec des menus non lavés de Viremoulin, et notre examen leur a été très favorable. . . . .

. . . .

» La *deuxième couche* fournit un charbon d'une grande pureté, très consistant, se rapprochant par son aspect de la houille anthraciteuse du Creusot, cependant plus pauvre en matières volatiles, mais ne décrépitant pas au feu; il se consume complètement sans se désagréger avant sa réduction en cendres. Sa teneur en cendres varie entre 6 et 8 0/0, et en produits volatiles entre 3 et 4 0/0 seulement; il renferme donc 90 0/0 de carbone pur. Cette composition, jointe à sa ténacité qui lui permet de donner une forte proportion de gros et de gailleteux, donne à ce combustible une valeur industrielle incontestable.

» Cette couche est très bien stratifiée à l'affleurement. Jusqu'à une profondeur de 25 à 30 mètres, elle n'a que peu d'épaisseur; mais plus bas, elle atteint 2 mètres, 2 m. 50, en deux bancs de charbon séparés par une barre dont l'épaisseur varie de 0 m. 25 à 0 m. 60.

» La *sixième couche* est séparée de la grande couche ou cinquième par un grès blanchâtre feldspathique et quartzifère — massif compact de 35 à 40 mètres d'épaisseur, avec de rares plans de clivage.

» Cette couche mesure elle-même de 2 mètres à 2 m. 50, et 3 mètres d'épaisseur; le charbon qu'elle produit est très beau, bien clivé, mais moins pur que celui de la cinquième couche; sa teneur en cendres est de 18 à 20 0/0; elle peut fournir en profondeur de 30 à 35 0/0 de gailleteux; enfin, il est moins chargé de matières volatiles que la couche n° 5.

» En résumé, on peut classer les couches de *Charbonnière* et du *Désert*, par rapport à la pureté du combustible à sa teneur en cendres et à leurs épaisseurs :

» 1° Par rapport à la qualité ou à la pureté, dans l'ordre suivant, en négligeant la première couche peu connue, *deuxième, cinquième, sixième, troisième, quatrième* :

Deuxième......	7 à 8 0/0	de cendres
Cinquième.....	9 à 15 0/0	—
Sixième.......	15 à 20 0/0	—
Troisième.....		—
Quatrième.....		—

» 2° Par rapport à l'épaisseur moyenne : *cinquième*, 10 mètres ; *quatrième*, 2 m. 50 c. à 3 mètres ; *sixième*, 2 mètres à 2 m. 50 c. ; *deuxième*, 2 mètres ; *troisième*, 1 m. 50 c. à 2 mètres :

Cinquième.............	10^m00^c à 0^m00^c
Quatrième.............	2^m50^c à 3^m00^c
Sixième..............	2^m00^c à 2^m50^c
Deuxième.............	2^m00^c à 0^m00^c
Troisième............	1^m50^c à 2^m00^c

» 3° Par rapport à la teneur en matières volatiles : *cinquième, quatrième, sixième, troisième, deuxième* :

Cinquième..............	6 à 10 0/0
Quatrième..............	5 à 7 0/0
Sixième...............	4 à 6 0/0
Troisième..............	
Deuxième..............	3 à 4 0/0

» Ces différents classements nous conduisent à faire les remarques suivantes : 1° La qualité du combustible, sa valeur industrielle et marchande sont indépendantes de la proportion de matières volatiles que les charbons de Lay renferment ; 2° Il paraît y avoir une relation, un certain rapport, entre l'épaisseur des couches et la proportion de matières volatiles.

» Notons, en effet, que les couches supérieures n° 2 et n° 3 contiendraient moins de matières volatiles que les couches auxquelles elles sont superposées. Ce fait est contraire à ce qui se passe dans le terrain houiller du nord de la France, où les couches grasses et bitumeuses sont superposées aux couches maigres et anthraciteuses.

» Dans ce qui précède, nous avons adopté la classification de M. Gruner; mais, depuis la publication des travaux de l'éminent ingénieur, une autre couche a été reconnue entre la quatrième et la cinquième; en outre, dans la concession de Charbonnière, entre les affleurements des quatrième et troisième couches, on remarque un affleurement qui n'a pas été exploité.

NOMBRE DE COUCHES CONNUES. — Il y aurait donc sur ce point *huit couches* bien indiquées, dont *sept reconnues*; même tout porte à croire que l'exécution de travaux profonds qui découperaient le terrain dans son épaisseur multiplierait les découvertes. . . . .

. . . .

QUALITÉ DU COMBUSTIBLE. — Le charbon du bassin de Lay est d'une qualité spéciale; sa puissance calorifique est considérable; sa teneur en cendres et en matières volatiles varie avec les différentes couches d'où on l'extrait. Mélangé avec la houille grasse, il donne un excellent coke et un combustible d'un excellent emploi; uni au brai, il forme de très bons agglomérés; brûlé seul, il constitue un combustible industriel et domestique d'un emploi usuel dans le pays.

Les roches encaissantes des cinquième et sixième couches sont compactes et peu divisées par des plans de clivage; comme conséquence de cette structure massive, nous devons conclure que ces roches doivent être peu perméables aux infiltrations des eaux, et que par suite on en devra faire choix pour le forage des puits d'exploitation ; ainsi la situation du *grand puits Viremoulin*, qui pénètre immédiatement le toit de la cinquième couche, a été sagement choisi ; d'ailleurs, ce qui le prouve expérimentalement, c'est qu'à la profondeur de cinquante mètres la venue *d'eau est insignifiante.*

CONCLUSIONS. — De tout ce qui précède, on peut, sans forcer les conséquences, déduire les conclusions suivantes :

» 1° Que l'amélioration du combustible se manifeste en profondeur ;

» 2° Que le charbon s'enrichit en matières volatiles à mesure que l'on descend.

» En effet, la pression subie par les affleurements fortement relevés, ayant modifié la stratification primitive des couches, a permis au charbon de s'imprégner de matières schisteuses, dont la proportion devra diminuer en profondeur à mesure que l'action mécanique qui a dérangé les strates deviendra moins sensible. Les travaux d'exploitation, qui ont pénétré à 40 ou 50 mètres, ont déjà vérifié ce premier fait.

PROBABILITÉ DE L'EXISTENCE DE LA HOUILLE DANS LES CONCESSIONS DE CHARBONNIÈRE ET DU DÉSERT. — Quant à la seconde de nos conclusions, ou à la probabilité de la transformation de la houille anthraciteuse en houille grasse, nous avons aussi des faits qui prouvent, sinon cette transformation, au moins l'enrichissement du charbon en matières volatiles, et sa moindre teneur en cendres.

» Les puits actuellement en fonçage au *Désert* et à *Charbonnière* pourront peut-être fournir sur ce point des renseignements. D'ailleurs, rien ne s'oppose à ce que l'on admette dans ce bassin carboniférien l'existence de la véritable houille grasse. Est-ce qu'ailleurs, dans d'autres bassins carbonifères, on ne connaît pas de nombreux exemples de ce phénomène géologique ? Donc, rien ne s'oppose, pour la Loire, à admettre une hypothèse très rationnelle.

» Les puissantes couches de houille anthraciteuse exploitées en Pensylvanie, dans les monts Alleghanys, deviennent
graduellement, vers l'ouest, dans les plaines de l'Ohio et de
l'Alleghomy, des couches de houille à 40 et 50 0/0 de matières
bitumeuses.

» Au Creusot, à Montceau-les-Mines, on voit des couches
puissantes de 12 à 15 mètres, passer de l'état de houille
grasse à celui de houille anthraciteuse, sans que les roches
présentent aucun indice de méaphorisme.

» Pareil phénomène s'observe dans les diverses régions
de la zone houillère qui traverse le Pas-de-Calais, le nord
de la France et la Belgique. Tout le monde connaît les
localités où ces faits ont été observés.

» Donc rien ne peut s'opposer à admettre l'hypothèse
qu'on pourra rencontrer dans le bassin de Lay les houilles
anthraciteuses à l'état de charbons gras ou demi-gras. »

Signé : A.-F. Noguès,

Ingénieur civil des Mines, professeur
à l'École Mongo, à Paris.

Après le remarquable article publié par le *Journal des
Mines*, que reste-t-il à dire sur le bassin de Saint-Sym-
phorien-de-Lay, sur les concessions de Charbonnière et du
Désert ?

Quelques données sur le développement industriel dont
elles sont susceptibles suffiront maintenant à renseigner
complètement sur leur valeur.

Dans l'étude géologique que l'on vient de lire, la quantité
de combustible à extraire jusqu'à deux cents mètres de
profondeur verticale seulement, c'est-à-dire facilement exploitable, est évaluée à vingt millions de tonnes.

Cette estimation repose sur des renseignements précis
fournis par trente années d'explorations et de travaux
sur tous les points du territoire concédé.

On pourrait donc extraire des concessions de Charbonnière et du Désert cent mille tonnes, par an pendant un très grand nombre d'années.

L'exploitation minière de Saint-Symphorien remonte déjà fort loin, car dès 1752 il en est fait mention dans les archives de Lyon.

En 1788, l'ingénieur allemand Lenk commença la première exploitation suivant les règles de l'art, et quelques-uns de ses travaux ont été rencontrés encore debout par l'exploitation récente.

Dans l'intervalle, les propriétaires de la surface n'ont cessé d'extraire du charbon à de faibles profondeurs.

Depuis près de *cent ans* que dure cette exploitation superficielle des couches, à des profondeurs qui ne dépassent pas 20 à 30 mètres, on n'a fait que déhouiller quelques affleurements. De longues zones n'ont pas encore été entamées.

En 1843, cependant, la première Compagnie, concessionnaire par ordonnance royale rendue à cette date, creusa de nombreux puits. Au lieu dit *Roussillon*, dans la concession du *Désert*, les puits *Curieux* (30 mètres), *l'Auvergnat* nº 1 et nº 2 (35 et 40 mètres), Edmond (60 mètres), de Roussillon (35 mètres), exploitèrent la grande couche sur une étendue de 6 à 800 mètres, et l'exploitation atteignit un chiffre très élevé.

La Compagnie fit élever sur ce point plusieurs constructions pour le logement des employés et du directeur, ces constructions font encore partie de la propriété de la mine.

La concurrence des houilles de Saint-Etienne, qui se vendaient alors à vil prix, rendit cette exploitation peu productive.

La Compagnie de 1843 fit également foncer le puits de *La Fayette* dans la concession de *Charbonnière*.

Ce puits atteignit la profondeur de 65 mètres ; le charbon qu'il produisait était de qualité supérieure, mais il rencontra les anciens travaux de l'ingénieur Lenk.

Depuis 1859, l'exploitation s'est bornée aux affleurements par des galeries inclinées suivant les couches.

De 1860 à 1877, la grande couche n° 5 a été aussi exploitée à *Viremoulin*, sur une étendue de près de 500 mètres et jusqu'à 40 mètres de profondeur sur quelques points.

L'épaisseur reconnue partout est de *dix mètres* et va même jusqu'à quatorze mètres.

Un seul piqueur a pu produire dans cette couche 60 à 70 hectolitres de charbon par journée de travail.

Dans la même période, on a exploité la couche n° 6 dans la *concession de Charbonnière*, par les travaux de la *Tuilerie*, et la couche n° 7, par les travaux de Laforêt. Ces exploitations, modestes par leur installation et leur étendue, ont pourtant donné annuellement de 10 à 20,000 francs de bénéfices. Elles se poursuivent encore actuellement.

Prix de Revient

Le prix moyen de la journée d'un ouvrier mineur est de 3 francs à 3 fr. 25, et le rendement moyen de l'exploitation est d'une tonne pour chaque homme employé tant à l'intérieur qu'à la surface, soit, pour le prix de revient, main-d'œuvre . . . . 3 francs

Boisage et soutènement . . . . 1 —

Redevances tréfoncières, frais généraux . . . . 2 —

TOTAL PAR TONNE. . . . . 6 francs

Prix de vente

Les charbons tout venant se vendent pour la consommation domestique, 12 fr. 50 à 15 fr. la tonne.

A ce prix on écoulerait, sous forme d'agglomérés, de très grandes quantités de menus.

Les agglomérés de houille se vendent aux usines d'Amplepuis et de Roanne 30 à 35 francs la tonne; en livrant des agglomérés du pays à un prix inférieur, on réaliserait encore un bénéfice sur la fabrication même.

Prix de revient d'une tonne de charbon. . .   6 »
—   —   .   —   d'agglomérés. .   9 »

Prix de revient total d'une tonne d'agglomérés.   15 »

Le prix de vente sur place entre 20 et 25 francs laisserait un bénéfice de 5 à 10 francs par tonne.

Pour l'industrie chaufournière, qui consomme les mauvaises qualités au prix moyen de 9 francs la tonne, il y a encore entre le prix de vente un écart de deux à trois francs par tonne.

La proportion indiquée ci-dessus entre le prix de revient et le prix de vente est bien celle qui résulte des inventaires généraux de chaque année, dressés d'après la comptabilité de la mine et qui acusent des bénéfices annuels de 12, 15, 18 et même 24,000 francs tous frais déduits, sur une extraction qui a varié entre 80,000 et 50,000 hectolitres.

Quelles quantités pourrait-on vendre annuellement ?

L'industrie chaufournière locale, les industries similaires du Beaujolais et du Charollais, en ne brûlant pas exclusivement des charbons de Saint-Symphorien, en emploieraient aisément 30,000 tonnes.

En transformant en agglomérés les menus de bonne qualité pour l'industrie qui se développe si rapidemen dans le bassin de la Loire, et en réservant pour la consommation domestique les charbons grêleux, on atteindrait facilement une vente de 100,000 tonnes.

Soit, par an, un bénéfice de 300,000 francs.

Pour arriver à ce résultat, il est nécessaire d'offrir à la consommation des produits de qualité régulièrement bonne. Il faudra pour cela s'attacher particulièrement à l'exploitation des couches n°ˢ 2, 5 et 6.

Puits de Viremoulin.— Deux puits actuellement commencés, l'un, le puits de *Viremoulin*, dans la concession du Désert, l'autre, le puits de *Charbonnière*, dans la concession de Charbonnière, une fois terminés, pourront fournir chacun 150 tonnes par jour.

Le puits de Viremoulin, actuellement arrivé à la profondeur de 54 mètres, rencontrera la couche n° 5 vers 70 mètres de profondeur; exploitée à l'affleurement par des travaux qui sont arrêtés à 150 mètres du puits, cette couche a de 10 à 12 mètres d'épaisseur.

La couche n° 6 sera rencontrée 50 mètres plus bas, c'est-à-dire vers 130 mètres.

Une galerie horizontale partant du fond du puits, à travers bancs, après avoir recoupé une seconde fois la grande couche n° 5 et les couches n° 4 et n° 3, rencontrera la couche n° 2 à 150 mètres du puits; en n'exploitant que les couches n°ˢ 2, 5 et 6 à la profondeur de 120 mètres pour une étendue de 1,000 mètres seulement en direction, le puits de Viremoulin aura trois millions de tonnes à extraire, c'est-à-dire qu'il pourra produire 50,000 tonnes par an pendant 60 ans.

Puits de Charbonnière. — Le puits de Charbonnière, placé à quelques mètres de la route de Saint-Symphorien à Régny, à cinq kilomètres de cette station, est, au *point de vue géologique*, dans la même situation que le puits de Viremoulin; il recoupera les mêmes couches à peu près dans les mêmes conditions.

D'abord la couche n° 3 vers 20 ou 25 mètres de profondeur; la couche n° 4 vers 35 à 40 mètres, la couche n° 5 grande couche vers 75 à 80 mètres, la couche n° 6 vers 120 à 130 mètres.

La quantité de charbon à extraire par ce puits sera tout aussi considérable que celle que pourra produire le puits de Viremoulin.

Le puits de *Viremoulin* est situé à cinq kilomètres de la gare d'*Amplepuis*, à laquelle il est relié par la route de *Saint-Symphorien à Amplepuis*. Cette route traverse dans toute sa longueur la concession du Désert, suivant les affleurements des couches.

La concession de *Charbonnière* est desservie par la route de Saint-Symphorien à Régny, station de la ligne de Paris à Lyon (Bourbonnais). Régny est à 5 kilomètres des puits.

Cette route se raccorde à Saint-Symphorien à la route nationale de Paris à Lyon. Saint-Symphorien est à 17 kilomètres de Roanne, origine du canal de Digoin, le long duquel se trouvent installés les nombreux fours à chaux qui approvisionnent le Forez et le Charollais.

Amplepuis, Thisy et Ambérieux, villes essentiellement industrielles, suffiraient à elles seules à consommer tous les produits des mines de *Charbonnière* et du *Désert*.

Ainsi, routes, chemins de fer, canaux peuvent donner aux charbons de Saint-Symphorien des moyens de transports faciles et économiques.

Il s'agit donc seulement de produire pour vendre, et, ce qui précède l'a suffisamment démontré, la production n'est ici qu'une question de travaux et d'outillage.

La matière première existe en quantité considérable.

La période des études et des erreurs est franchie; on est arrivé à préciser exactement tous les détails de la structure géologique du bassin de Lay, et l'on peut aujourd'hui marcher sûrement vers un résultat déterminé.

De nouvelles recherches dans la direction du puits de Viremoulin ont amené la découverte de l'affleurement de la *grande couche* à l'ouest du puits, au-delà de l'accident qui avait arrêté les anciens travaux dans cette direction.

Une galerie inclinée suivant la couche plonge vers le puits. Cette galerie est à plein charbon, et sa position indique clairement que le puits rencontrera la couche au plus bas vers 65 mètres.

L'avancement de ce travail se poursuit rapidement. Il servira pour l'aérage de l'exploitation par le puits, dès son début, tout en étant, jusque-là, une source de profits pour la mine.

CONCLUSION

Nous croyons avoir suffisamment démontré les avantages
de l'hypothèque minière au point de vue de l'épargne, qui
y trouvera un placement de toute sécurité, et un intérêt que
ne peuvent, en aucun cas, lui offrir les placements ordinaires
sur hypothèque.

D'autre part, nous avons démontré qu'aucune concession
houillère n'était mieux en situation de contracter un emprunt hypothécaire que les mines de Lay, qui, en dehors de
leurs propriétés mobilières et immobilières, possèdent une
richesse charbonnière reconnue, leur assurant un bénéfice
net de plus de 60,000,000 de francs. Il ne nous reste donc
plus qu'à indiquer le moyen pratique d'appliquer l'hypothèque minière à l'industrie de la houille. Les mines de
Lay nous serviront comme exemple de cette application.

La Société des Mines de Lay, constituée sous la dénomi-
nation de Société générale des Charbons français, créera
3,000 bons hypothécaires de 200 francs, remboursables dans
dix ans et rapportant 12 francs d'intérêt annuel. Elle offrira
ces bons à l'épargne, au prix net de 190 francs, ce qui
constituera un revenu de 7 0/0 aux porteurs de ces bons.

Une société civile, dont les membres seront choisis parmi
les porteurs de bons eux-mêmes, prendra hypothèque à leur
profit, sur les biens mobiliers et immobiliers de la mine.

En conséquence, propriétés, richesses houillères, aujour-d'hui estimées par les ingénieurs les plus compétents à plus de *soixante millions*, revenus, tout devient la garantie et, pour ainsi dire, la propriété des porteurs de bons, jusqu'à ce que l'emprunt soit complètement amorti.

De tous les placements présentés jusqu'à ce jour à l'épar-ne nationale, aucun n'a pu offrir une sécurité aussi grande, avec un revenu aussi élevé, que l'hypothèque minière, pratiquée tel que nous venons de l'indiquer, aussi ne doutons-nous pas de la voir bientôt appliquée sur une vaste échelle, car, en même temps que l'épargne y trouvera un emploi sûr et avantageux, l'industrie française y rencontrera les ressources nécessaires au développement de nos houillères. La France n'aura plus besoin d'aller chercher à l'étranger un produit que son sol renferme avec abondance.

Paris. — Imp. Dubuisson et C°, rue Coq-Héron, 5.

www.ingramcontent.com/pod-product-compliance
Lightning Source LLC
LaVergne TN
LVHW010459060726
842527LV00005B/1833